LETTRE

A MONSIEUR JEAN DE LA ROCCA

RÉDACTEUR EN CHEF DU PATRIOTE.

LETTRE

A MONSIEUR JEAN DE LA ROCCA

RÉDACTEUR EN CHEF DU PATRIOTE.

A MONSIEUR LE RÉDACTEUR EN CHEF

DU

PATRIOTE.

<Monsieur,

Les dissentiments que le *Patriote* a essayé de produire, au sein du parti bonapartiste en Corse, doivent préoccuper ceux qui poursuivent le triomphe de ce parti.

Il serait puéril, de se dissimuler les conséquences funestes qui pourraient résulter de nos divisions. Il est plus sage d'en rechercher les auteurs, et de les livrer à l'opinion publique.

Ille nocens est, qui nos nobis fecerit hostes.

Un retour sur le passé me paraît nécessaire pour bien

comprendre, comment le *Patriote* a été amené à brûler ce qu'il a adoré.

Lors des élections du 11 février 1872, votre journal, M. de la Rocca, était l'organe officiel de M. Rouher. Le zèle avec lequel vous avez soutenu le candidat, l'approbation sans réserve, que vous avez donnée aux premiers actes du député, ne laissaient pas soupçonner, qu'un jour, vous vous seriez permis des facéties de mauvais goût, sur un nom aimé et respecté du parti impérialiste.

Lorsque M. Rouher, lors de la discussion des marchés, conquit de haute lutte le rang que le parti bonapartiste, occupe à l'Assemblée nationale, vous étiez un admirateur enthousiaste du leader, que la Corse avait donné au groupe de l'appel au peuple.

La nouvelle des évènements du 24 mai, vous trouva à Guagno, et avec l'exagération qui vous caractérise, vous fîtes en signe de réjouissance illuminer votre maison, et allumer un grand feu dans les makis, pour apprendre aux populations voisines, la chute de M. Thiers et l'avènement au pouvoir du maréchal Mac-Mahon ; c'était plus que de l'enthousiasme, c'était du délire.

Le *Patriote*, appréciant la conduite de nos députés, s'écriait : le véritable vainqueur de la journée du 24 mai, c'est le parti bonapartiste.

Mais ce fanatisme devait bientôt s'adresser à un autre homme que M. Rouher et à une autre politique que la sienne.

Comment un changement aussi radical, s'est-il opéré subitement dans l'esprit de votre journal ?

L'article signé : *La Rédaction du Patriote*, et intitulé : *La fusion et le droit national*, est du 31 août 1873, et le Prince Napoléon avait quitté Ajaccio le 28 août. Le rapprochement de ces deux dates explique suffisamment l'évolution du *Patriote* ?

Dès lors vous usâtes de ménagements envers les républicains que vous aviez naguère traités bien durement.

La lettre à Portalis du 26 septembre 1873, est l'occasion de la rupture définitive avec le parti officiel bonapartiste. Cette lettre du Prince Napoléon, sévèrement jugée par toute la presse impérialiste de France, trouva dans le *Patriote* une approbation égale, à celle que vous donniez quelques mois auparavant à M. Rouher.

Tous ceux qui combattent la politique du Prince Napoléon, sont traités par vous de bonapartistes aveugles ou de faux bonapartistes.

M. Paul de Cassagnac qui a donné de tout temps, des preuves non équivoques de dévouement à la famille Impériale, est appelé par vous, *chouan* et *traître* au parti impérialiste, parce qu'il a eu le malheur de se méprendre en compagnie de dix conseillers généraux bonapartistes, sur le sens de la candidature de M. Larrieu dans la Gironde. Mais, M. de la Rocca, une faute n'est pas une trahison, et lorsqu'on a comme

M. Paul de Cassagnac, exposé bravement sa vie, pour corriger Lissagaray, Rochefort, Flourens, Ranc et tous les insulteurs de l'Empire, avec lesquels vous voudriez nous reconcilier, on n'attend de personne des certificats d'impérialisme. Ceux-là seuls qui ont fait pour la défense de la famille Impériale, ce qu'a fait Paul de Cassagnac, ont le droit d'apprécier son dévouement!

Il est vrai que ce qui vous donne ce droit à vous ce sont les attaques que M. Paul de Cassagnac a dirigées contre le Prince Napoléon, c'est la mission que vous vous êtes donnée ou plutôt que vous avez acceptée de défendre tous les actes de son Altesse.

Je n'ai pas de peine à avouer que M. Paul de Cassagnac aurait dû respecter le Prince Napoléon, et ne pas le traîner dans la boue comme il l'a fait, ne fût-ce que par respect pour le nom qu'il porte ; mais j'affirme que les boutades du *Pays*, ont moins désservi le Prince auprès de la population Ajaccienne, que les articles signés : *La Rédaction du Patriote*. Le Prince a pu se convaincre de la vérité de ce que j'avance, par ces paroles qu'un membre du comité des ouvriers a prononcées devant lui : «Monseigneur, ce qui vous fait du tort c'est le *Patriote*.»

La population Ajaccienne, devait-elle accueillir froidement, comme elle l'a fait, son représentant au Conseil général ? Pour bien examiner une question aussi délicate, rappelons-nous, que le Prince Napoléon débarquait à Ajaccio, quinze jours seulement après le 16 mars ; qu'à la veille de cette date désormais mémorable, en même temps que le Prince Napoléon désobéissait au chef de sa famille en ne se rendant pas à l'appel du Prince Impérial, la rédaction du *Patriote* traitait en enfant, celui que **8,000** français allaient saluer Empereur sur la terre d'exil, et qui aux termes du plébiscite de 1870, prenait le titre de Napoléon IV. En présence de faits de cette gravité, quelle devait être l'attitude de la population Ajaccienne, à l'égard du Prince Napoléon ? Pouvait-elle lui faire ce que j'appellerai une réception, qui aurait ressemblé à l'approbation d'une conduite qu'elle jugeait sévèrement ? Ne devait-elle pas plutôt lui faire comprendre, qu'en cas de dissentiments avec Chislehurst, elle n'était pas avec celui qu'elle avait élu deux fois membre du Conseil général ? C'est ce qu'elle a fait ; qui oserait l'en blâmer ? . . .

*   *   *
* *   * *   * *

L'impossibilité dans laquelle le Prince s'est trouvé, de réunir la majorité des membres du Conseil général, vous a inspiré une lettre à M. Gavini. A cette lettre, M. Gavini a parfaitement bien fait de ne pas répondre, d'abord parce qu'elle touche à des questions délicates qu'il est sage de ne pas traiter, ensuite parce qu'un député ne doit s'expliquer que devant la majorité de ses mandants. Or la majorité des électeurs de M. Gavini, approuve entièrement sa conduite politique et ne lui a demandé aucune explication.

Aviez-vous, en votre qualité d'électeur, et de rédacteur en chef du *Patriote* droit à une réponse de M. Gavini? Ceci me paraît contestable.

M. Denis Gavini a été, après le 4 septembre, élu député, en tête de la liste impérialiste : il ne doit aucune obligation à M. de la Rocca alors candidat républicain.

Si vous aviez été en Corse, avec le *Patriote* à votre service, réglant vos sentiments sur ceux de la majorité des électeurs, vous eussiez tenu un tout autre langage que celui que vous nous avez adressé de Paris. A l'heure présente vous n'eussiez pas manqué de rappeler les élections, du 8 février 1871, et de dire d'elles ce que vous avez dit de l'élection de M. Rouher et des élections municipales de la ville d'Ajaccio.................

Dans votre lettre à M. Gavini, vous mentionnez les principes, qui vous séparent de ce que vous appelez dédaigneusement le parti officiel de l'Empire. Je vais à mon tour et ne parlant qu'en mon nom examiner quelques unes des questions que vous traitez.

Le Prince Napoléon, dites-vous, demande l'alliance des bonapartistes avec les démocrates de la République, pour combattre les ennemis du suffrage universel.

Croyez-vous que pour défendre le suffrage universel, il soit nécessaire de signer avec ceux qui le combattent dans son expression la plus élevée, l'appel au peuple, un compromis qui nous déshonorerait? Pouvons-nous sans insulter à la mémoire de notre bien aimé Empereur, fraterniser avec les hommes qui ont fait une insurrection à la faveur de nos désastres, et répandu les plus infâmes calomnies, sur un passé qui nous est cher? Non, l'alliance des impérialistes et des républicains après le 4 septembre, serait une monstruosité.

Est-ce que nos députés ont signé un compromis avec les hommes de la droite, parce que après le renversement de M. Thiers, ils ont voté comme eux la loi sur les Maires?

Il est vrai que vous n'êtes pas d'accord en cela avec nos députés et qu'ils ont nui selon vous à la cause de l'Empire, alors qu'une lettre anonyme, insérée dans l'*Ordre*, et qui émane d'un député anti-bonapartiste, constate la grande impulsion donnée par cette loi à notre parti.

L'Empire rétabli aura besoin de cette loi qui est une de ses meilleures institutions, et le plus simple bon sens commandait à nos députés de ne pas établir un précédent regrettable pour un avenir qui n'est pas éloigné.

Nos députés n'ont jamais séparé, comme vous le prétendez, la cause de l'ordre de celle de la démocratie. Fidèles aux principes Napoléoniens, ils les ont toujours défendus avec courage et dévouement, n'écoutant que leur conscience, et le chef du parti impérialiste qui est à Chislehurst, et qui parait leur donner son entière approbation.

Les progrès toujours croissants du parti bonapartiste, sont là pour attester la sagesse de la direction qui lui est donnée. Si l'Empire revient, il reviendra avec la constitution de 1852 qui est calquée sur celle de l'an VIII, œuvre du plus grand génie des temps modernes. Ce sont les chercheurs de doctrines, les idéologues du premier Empire qui ont conduit Napoléon à Ste-Hélène, ce sont les libéraux du second, le régime du 2 janvier et les amis du Prince Napoléon, qui nous ont amené par voie parlementaire, la guerre et l'invasion.

L'Empire doit être démocratique et autoritaire ; il n'a pas sa raison d'être autrement. L'ordre est le seul but que doit poursuivre un gouvernement ; la liberté est un moyen dont on ne doit user que dans une certaine mesure.

Ce sont ces principes démocratiques d'ordre et d'autorité, qui distinguent l'Empire de la République. L'Empire est la fin de la révolution ; la République, l'insurrection permanente, le règne des utopies et des agitations démagogiques. Elle est de sang ou d'imbécillité.

Voudriez-vous, pour ramener l'Empire, nous faire passer par une République quatrième du nom ? Cela paraîtrait résulter de ces mots du *Patriote* : « Empire ou « République, la place du Prince Napoléon est marquée « dans les affaires de notre pays, » Non ! la place du Prince Napoléon est à côté du Prince Impérial, elle n'est nulle part ailleurs. L'Empire reviendra par le plébiscite. Si la République succède au gouvernement du maréchal, elle sera de peu de durée, car nous la combattrons en maintenant crânement devant elle le drapeau de l'appel au peuple ; jamais nous ne la seconderons en mettant un Bonaparte à sa tête.

En 1848, le Prince-Président était sincère en jurant fidélité à la constitution, mais les événements ne tardèrent pas à le convaincre de la vérité de ces paroles de Napoléon Ier : « On ne fait pas de Républiques avec de vieilles monarchies. »

Favoriser l'avènement du radicalisme, rétablir bénévolement la République, autant vaut nous écrier comme Kosciuszko sur les débris de la Pologne : *Finis Galliæ.* Qu'aurez-vous fait du parti, si la patrie n'est plus ?

* * *

Vous poursuivez, M. de la Rocca, une politique diamétralement opposée à celle dont je viens de résumer les principes. Vous voulez à tout prix, que le parti impérialiste suive la politique du Prince Napoléon. Pour y parvenir vous employez les moyens les moins avouables. Personnalités blessantes, insultes contre les individus les plus respectables de notre parti, rien ne vous coute. Vous attaquez des dévouements à l'abri de tout soupçon et après avoir parlé, avec un aplomb incroyable, de certaine dépêche qui n'a jamais existé que dans l'imagination des hommes de mauvaise foi, vous croyez avoir légitimé votre conduite, en disant, en présence du démenti formel qui vous est infligé, que vous avez simplement reproduit un bruit qui courait les rues. Selon le *Patriote*, tous les bonapartistes d'Ajaccio, travaillent au retour de l'Empire par intérêt ou par ambition ; vous seul, M. le Rédacteur en chef, êtes désinteressé. Je n'aurais pas eu de peine à le croire, s'il ne m'était passé par les mains de beaux mandats venant de Prangins, à l'ordre de quelqu'un que vous connaissez.

Cela soit dit sans vous offenser, car ce que je blâme le plus en vous, ce sont vos mesquines taquineries contre des gens sérieux et honnêtes, c'est votre persistance à injurier gratuitement tous ceux qui ne s'inspirent pas auprès du *Patriote*.

Pour mieux accomplir cette besogne, vous avez pris à votre service un jeune homme amoureux de sa tête enfarinée que vous avez affublé d'un domino. Ce Zoïle fringant, qui méconnait l'orthographe du mot billon, trouvant tout naturel, de se dire correspondant du *Rappel*, journal des amis de Courbet, en même temps qu'il promène un portefeuille rempli de papier blanc au service de l'ordre moral, ne devait pas dédaigner de collaborer au *Patriote*. Il a appris lui aussi à faire des personnalités, et sans respect pour des personnes revêtues du caractère sacré, il met ses gants pour ramasser dans

la rue, le programme d'un concert fantastique qu'il sert
aux abonnés du *Patriote*. Mais vous avez manqué de
lui rappeller une chansonnette qui elle aussi court les
rues ; vous auriez remarquez que,

Monsieur avait du blanc et pourtant en rougit.

Prenez-garde, **M**. de la Rocca, votre élève va vous
enlever le GÉNIE des personnalités ; alors comment serez-
vous journaliste?

Les insultes et les grossièretés, n'atteignent que
ceux qui les écrivent, et la facilité avec laquelle vous
êtes devenu l'ami de personnes que vous avez vilipen-
dées, prouve surabondamment, que vous faites moins
de cas des gros mots qui s'impriment tous les jours
dans votre feuille, que des gros sous qu'ils vous
rapportent.

S'il vous faut défendre à tout prix la politique du
Prince Napoléon, vous avez quelque chose de mieux à
faire, que de maltraiter comme vous le faites, les personnes qui ont exclu votre journal du cercle ajaccien.
Peut-être avions-nous raison de faire savoir aux impérialistes du continent, que la politique du *Patriote* ne
rencontre aucune approbation à Ajaccio. Et permettez-
moi à ce sujet, de vous dire que vous vous êtes étran-
gement mépris, sur les intentions de ceux qui, ont voté
contre la proposition de **M**. Tenneroni ; à de rares
exceptions près, ils ont simplement pensé, qu'en pré-

sence de votre démission, et en considération de la gravité de la mesure qui était proposée, il était sage de ne prendre aucune détermination immédiate.

Il est une feuille radicale qui s'imprime dans la Charente Inférieure et qui s'intitule la *Volonté Nationale*. Ce petit journal qui a eu aussi sa lettre du Prince Napoléon, et qui défend aussi ardemment que vous, la politique de son Altesse, prète à l'Impératrice des mots cruels sur la dernière guerre, et fait sur l'hérédité dans la famille Bonaparte, des théories étranges que vous deviez désavouer au plus vite. Je m'étonne que vous ne l'ayez déjà fait. C'eut été le meilleure service que vous eussiez pu rendre au Prince ; c'eut été aussi le seul.

Car, après tout, pourquoi votre journal sert-il exclusivement le Prince Napoléon, au point d'oublier le nom du Prince Impérial, dans son numéro du 1er janvier 1874 ? Un Bonaparte a-t-il besoin d'avoir en Corse un journal à son service, pour être élu député ? Je ne le pense pas, tous les impérialistes, étant disposés à mettre intacte dans l'urne, la liste qui leur arrivera de Chislehurst.

Nous n'avons, sachez le bien, aucune animosité systématique contre le Prince Napoléon ; et tous ceux qui comme votre serviteur, n'ont pas tiré le chapeau sur le passage de son Altesse, après avoir mis deux fois son nom dans l'urne, seraient heureux, d'être un jour amenés à éprouver des regrets et à les témoigner sincèrement au Prince Napoléon. Ils ne manqueraient pas toutefois, de lui rappeler ces propos imprudents que vous avez tenus : «Le Prince arrive, j'espère que cette fois les républicains le salueront».

Agréez, Monsieur le Rédacteur en chef, l'assurance de ma franchise.

N. BODOY.

Ajaccio, le 5 mai 1874.

Ajaccio Imp. J. Pompeani et Lluis.